SAINT IGNACE DE LOYOLA

FONDATEUR DE LA COMPAGNIE DE JÉSUS

PANÉGYRIQUE PRONONCÉ A REGGIO (DUCHÉ DE MODÈNE), EN 1781

PAR

LE PÈRE CHARLES BORGO

ANCIEN MEMBRE DE LA COMPAGNIE DE JÉSUS

(Traduit de l'italien)

TOURS

IMPRIMERIE PAUL BOUSEREZ

5, RUE DE LUCÉ, 5.

SAINT IGNACE DE LOYOLA

FONDATEUR DE LA COMPAGNIE DE JÉSUS

SAINT IGNACE DE LOYOLA

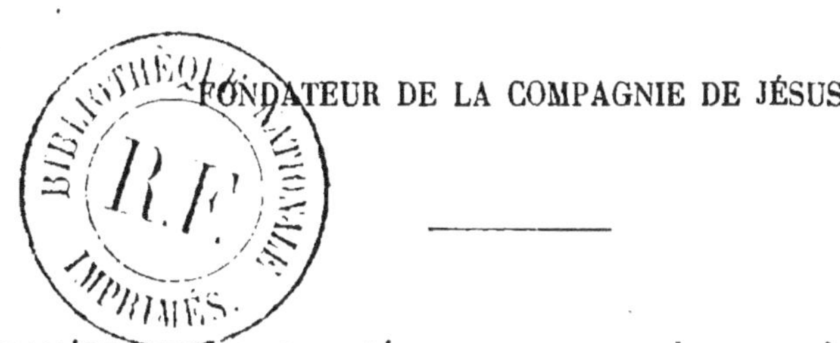

FONDATEUR DE LA COMPAGNIE DE JÉSUS

PANÉGYRIQUE PRONONCÉ A REGGIO (DUCHÉ DE MODÈNE), EN 1781

PAR

LE PÈRE CHARLES BORGO

ANCIEN MEMBRE DE LA COMPAGNIE DE JÉSUS

(Traduit de l'italien)

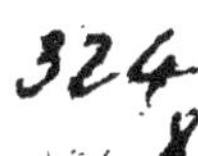

TOURS

IMPRIMERIE PAUL BOUSEREZ

5, RUE DE LUCÉ, 5

SAINT IGNACE DE LOYOLA

FONDATEUR DE LA COMPAGNIE DE JÉSUS

PANÉGYRIQUE PRONONCÉ A REGGIO (DUCHÉ DE MODÈNE) EN 1781

> Gloria Domini plenum est opus ejus (1).
>
> (*Eccl.*, XLII.)

Si la vertu et la gloire, l'une germe, l'autre fruit du mérite, sont les seuls objets dignes d'éloges, et si tout panégyrique doit nécessairement se restreindre au caractère de son héros, ne jugeriez-vous point étrange en moi, Messieurs, l'espoir de vous faire trouver, dans l'éloge de saint Ignace, l'attrait de la nouveauté, vous qui, familiarisés avec l'histoire de ce saint, et à la fois avec les grandes œuvres de l'éloquence, avez coutume d'honorer dans Ignace de Loyola le zélateur de la gloire de Dieu, couronné lui-même de gloire? *Gloria Domini plenum est opus ejus.* Oui, la gloire de Dieu, voilà le propre caractère de notre saint; sa sainteté a pour base la gloire qu'il a procurée à Dieu, et pour couronnement la gloire que Dieu lui a rendue. Néanmoins, ce caractère propre de sa sainteté, attesté par tant d'historiens, développé par tant d'orateurs, confirmé par l'autorité de tant de pontifes et si connu de tout le monde; ce thème ancien de tant de panégyriques uniformes, le sera aujourd'hui d'un panégyrique tout nouveau, du premier panégyrique vraiment propre de ce zélateur de la gloire de Dieu glorifié; et j'aurai été le premier à pouvoir sinon exécuter convenablement, du moins tenter à l'abri

(1) La gloire du Seigneur éclate dans ses œuvres (*Ecclésiastique,* 42, 16).

de tout blâme, l'éloge complet de notre Ignace. Car, remarquez-le
bien, la liberté d'un semblable éloge a toujours manqué aux
enfants d'Ignace, obligés qu'ils étaient par la modestie à taire
les plus éclatants mérites de leur Père. Et quant aux étrangers,
ils ne pouvaient être suffisamment familiarisés avec les détails.
Je suis donc le premier qui, fils d'Ignace durant tant d'années,
puisse aborder ce sujet avec une pleine connaissance et en même
temps avec l'entière liberté d'un étranger, comme vous me voyez
l'être à cette heure (1). Changement, hélas! dont l'esprit
repousse la pensée, bien que le cœur doive en supporter reli-
gieusement l'arrêt. Ah! vous excuserez, Messieurs, cet éclat
que l'art semblait m'interdire, d'un amour encore passionné
pour Ignace; ou plutôt, puisque ce cri m'échappe, conservez-en,
si vous le voulez, la pensée. Oui, c'est avec une véritable passion que je fais le panégyrique de saint Ignace; aussi tenez-
vous en garde contre les artifices que me dicterait l'éloquence.
Mais, comme j'apporte à cette œuvre une connaissance et une
liberté entières, il ne vous servira de rien de vous être mis sur
vos gardes, lorsque la multitude des faits, leur caractère singu-
lier et leur nouveauté inouïe, vous forceront, cédant à une con-
viction inévitable, d'avouer avec joie que pour la première fois
aujourd'hui vous aurez compris dans la vie d'Ignace la hauteur de cette ancienne pensée : la gloire du zélateur de la
gloire divine. *Gloria Domini plenum est opus ejus.* Commen-
çons.

La gloire de Dieu, non pas une gloire quelconque, mais sa
plus grande gloire, fut l'objet de toutes les actions d'Ignace.
L'histoire le dit, l'Église nous l'atteste; c'est donc un fait constant qu'Ignace employa toutes ses forces à procurer au Seigneur
une gloire ENTIÈRE, UNIVERSELLE, CONSTANTE. Dès lors, nous sai-
sirons ce qu'est proprement la gloire de ce zélateur de la gloire
divine. Voici les deux traits qui mettent ce fait dans son vrai
jour : Application d'Ignace à procurer au Seigneur une gloire
entière, constante, universelle; premier point. Soin que prend

____

(1) Le P. Borgo prononçait ce panégyrique sept ans après la suppression
de la Compagnie de Jésus, 1773.

Le P. Charles Borgo, Jésuite, naquit à Vicence en 1731. Après avoir professé
les belles-lettres dans plusieurs colléges de la Compagnie, il enseigna la théologie à Modène, où il se trouvait lors de la suppression de la Compagnie.

le Seigneur de rendre à Ignace une gloire également entière, universelle, constante; second point.

Voyons le premier.

I.

C'est un parallèle qui n'est pas nouveau, que celui de Paul abattu sur le chemin de Damas, et d'Ignace terrassé à Pampelune; poussons ce développement plus loin. Tous deux s'avancent à grands pas dans la carrière de leur nouvelle vie, tant la grâce est empressée de les former à leur haute destinée. À la voix d'Ananie, Paul recouvre la vue du corps; une lumière soudaine ouvre les yeux de l'âme d'Ignace malade, l'appelle à la noble fin de la sainteté, qui est la pure et l'unique gloire de Dieu. A cet appel d'en haut, Ignace s'élance du lit où le retenait sa blessure, et prosterné devant Dieu, il se voue à sa plus grande gloire; puis, dès le point du jour de sa conversion, il s'engage à l'acte héroïque d'exposer sa vie pour la gloire de Jésus-Christ, en faisant vœu de l'aller annoncer aux infidèles de la Palestine. Le moment de l'engagement que prend Ignace est marqué par un ébranlement subit qui fait trembler tous les murs autour de lui, comme si Dieu, voulant répéter les merveilles de la Pentecôte, avertissait le monde du nouvel apôtre qu'il venait de se choisir. Ignace, dès lors, fut, en effet, l'homme de la gloire de Dieu : *A prima sua conversione omnes suas cogitationes, verba et opera ad Dei gloriam destinabat* (1). Ce sont les paroles de Grégoire XV (*In bulla* Cœnæ).

Aussi, laissant suspendues à l'autel de Marie ses armes, instruments de la gloire du monde, il prend les livrées de la gloire divine : un sac grossier pour vêtement, et au fond du cœur un renoncement total à soi-même; puis, jusqu'à ce que la navigation lui soit ouverte pour aller en Palestine, il va s'ensevelir dans cette grotte de Manrèze dont vous avez ouï de si grandes choses. Mais gardez-vous de voir dans Ignace un simple pénitent au désert. Cette solitude est l'école où Dieu forme pour sa gloire ce soldat novice encore dans l'art de ses combats. Ignace à Manrèze,

(1) Dès le commencement de sa conversion, il dirigeait toutes ses pensées, ses paroles, ses œuvres à la gloire de Dieu (*Bulle de la canonisation*).

c'est Paul à Damas, privé de la lumière, exténué de jeûnes, abîmé en Dieu. Tandis que Paul afflige son corps, son esprit, ravi au troisième ciel, entend des paroles mystérieuses qui préparent en lui le maître des nations. Tel est Ignace dans sa grotte. Vous n'y entendrez, vous n'y verrez rien qui ne soit la gloire de Dieu : *Gloria Domini plenum est opus ejus.* O caverne silencieuse, ô larmes non interrompues, ô jeûnes qui exténuez le corps; veilles prolongées, sommeil qui ne laissez point le repos sans quelques souffrances; cilices, chaînes, fouets ensanglantés, que m'annoncez-vous? Est-ce un retour de l'antique Thébaïde et de l'austère Nitrie?

Ne vous y trompez point, Messieurs; oui, c'est de la pénitence, mais ce n'est point ici l'esprit ordinaire de la pénitence. Non, ni le désir d'alléger sa dette pour l'autre vie, ni la pensée d'enrichir sa couronne, n'est le principal motif qui dicte à Ignace ces rigueurs; il serait tout aussi implacable envers lui-même, dussent ses péchés n'avoir pas d'enfer à craindre et sa sainteté point de ciel à obtenir. Ses fautes ont été une atteinte à la gloire de Dieu, sa pénitence peut y faire réparation : voilà le motif de ses austérités. Ignace ne songe à son intérêt éternel qu'en Dieu seul, et s'il veut se sanctifier et se sauver, il le veut uniquement pour que Dieu soit glorifié dans sa personne.

Ce que vous voyez en la pénitence d'Ignace, dites-le de toutes ses autres vertus. La gloire de Dieu en dictait les moyens, en déterminait les actes, en réglait l'application, en surmontait les difficultés, en récompensait les victoires. Repassez en vos esprits, Messieurs, les beaux exemples que vous en connaissez, partout vous en reconnaîtrez les preuves. Je n'en veux citer qu'une, l'empire qu'exerça dans Ignace la gloire divine sur son amour même pour Dieu. L'amour de Dieu fut comme tout d'abord dans Ignace ce qu'il est ordinairement dans les autres saints à la fin de leur carrière. Sans en chercher la cause dans les sublimes connaissances que Dieu lui donnait de soi-même, contentez-vous, si vous voulez, de ce qui s'est manifesté au dehors. Demandez-la à ces soupirs brûlants, à ces palpitations d'un cœur qui succombe, à ce feu qui enflamme son visage, à ces langueurs qu'il ressentait à entendre seulement le nom de Dieu. Jugez quel entraînement devait attacher Ignace au repos délicieux de l'oraison, et apprenez cependant que nul saint ne gouverna avec plus de sévérité les saints désirs, les bienheureux emportements de son cœur qu'embrasait le divin amour. Pour la gloire de Dieu, il abandonne Manrèze, il abandonne la Palestine; oh! comment peut-il y renoncer sans mourir! Et en échange où va-t-il? que prétend-il faire? Le voilà confondu dans une école parmi la foule des enfants, lui gentilhomme, lui guerrier, anachorète, homme consommé en sainteté. Voyez-le à l'âge de la maturité balbutiant les éléments de la grammaire, aiguillonnant une mémoire inactive et y consumant ses moments les plus précieux. O homme de la gloire de Dieu! il a vu que pour donner à Dieu une gloire entière, il fallait du savoir, et il s'est imposé de parcourir la carrière des lettres humaines et divines, et il s'élève jusqu'au sommet de la théologie. C'est en vain que les délices du saint amour semblent le rappeler; en vain l'enfer joint ses artifices aux appâts de l'amour divin, l'amour actif dans Ignace sacrifie ces douceurs et déjoue ces piéges; amour plein de force, qui règne en maître sur les saintes douceurs de l'amour. *Gloria Domini plenum est opus ejus.*

Après un pareil sacrifice, à quelles actions, à quelles victoires ne faut-il point s'attendre! Informés que vous êtes, il vous suffira d'une indication rapide. Les voies où l'appelait la gloire de Dieu, Ignace les parcourt toutes, sans jamais ralentir ses pas; l'infamie ne les arrêta point; les applaudissements ne purent le séduire : *per gloriam et ignobilitatem* (II Cor. 6) (1).

L'Espagne, la France, l'Italie, le virent, tantôt décrié comme un imposteur, tantôt entouré d'hommages comme un prodige de sagesse et de sainteté. La détresse ne put le réduire, ni les outrages ou les prisons le décourager : *in angustiis, in plagis, in carceribus, in seditionibus* (2). Trahi par ceux qui lui devaient le plus de reconnaissance, en proie aux horreurs de la faim, chargé de fers, abattu sous les coups, il se relève par des travaux plus grands : *in laboribus, in longanimitate* (3). En quelque lieu qu'il se transporte, il n'est point d'homme qui se puisse soustraire aux attaques de sa charité, charité dont les seules

(1) Dans l'honneur et l'ignominie (*II Corinth.*, 6, 8).
(2) Dans les angoisses, dans les plaies, dans les prisons, dans les séditions (*II Corinth.*, 6, 4, 5).
(3) Dans les travaux, dans la longanimité (*II Corinth.*, 6, 5, 6).

armes sont la patience, la discrétion et la douceur : *in multa patientia, in suavitate, in charitate non ficta* (1). Quand il s'agit du salut des âmes, ni la vie ni la mort ne lui sont quelque chose. De même qu'indifféremment il discute dans les académies, catéchise l'enfance, prêche du haut des chaires, instruit dans les prisons, porte des conseils dans les palais ou des secours dans les hôpitaux, de même il s'assoit à un banquet, et à quelque temps de là il se plonge dans un étang glacé ! Point de ministère qu'il n'exerce, de conditions qu'il ne secoure, de lieu où il ne pénètre. Il voudrait qu'il lui fût permis de se multiplier pour pouvoir à la fois sur toutes les places publiques bannir les blasphèmes; parmi les gens d'affaires et les hommes de loi, régler par la justice les transactions civiles et les arrêts; dans les cours, mettre un frein à l'ambition; dans les cloîtres, faire revivre les saintes observances. Homme altéré et insatiable de la gloire divine, Ignace pouvait bien emprunter le langage de saint Paul : *Os nostrum patet, cor nostrum dilatatum est* (2). J'avais donc raison de dire, en second lieu, qu'Ignace procura la gloire de Dieu, sans limite aucune dans son propre cœur et dans le cœur des autres.

Tel fut Ignace dès le principe : semblable à l'astre du jour qui, franchissant à peine l'horizon, répand partout au loin sa lumière. *Sol illuminans per omnia respexit, et gloria Domini plenum est opus ejus* (3).

Dès les premiers moments, Ignace tourne à l'enseignement de tous les épreuves et les lumières dont Dieu se servait pour le former à la sainteté : je veux parler du livre des *Exercices,* livre sublime, où Ignace transforme en un art ce zèle de la gloire universelle de Dieu; dans les *Exercices* il trouve, en effet, pour toute trempe d'âme, pour toute situation du cœur, les moyens de conduire au salut par une voie douce et sûre à la fois. Leur efficacité n'est mise en défaut ni par le génie des peuples, ni par la variété des institutions, ni par la tyrannie des passions. Là, la sainteté trouve le lait qui la nourrit, des armes qui la défendent,

(1) Dans une grande patience, dans la bonté, dans une charité sincère (*II Corinth.,* 6, 4, 6).

(2) Ma bouche s'ouvre, et mon cœur s'étend (*II Corinth.,* 6, 11).

(3) Le soleil voit tout, éclaire tout, et la gloire du Seigneur éclate dans ses œuvres (*Ecclésiastique,* 42, 16).

des lumières qui la font avancer. Livre inappréciable et presque divin ! livre qui seul mérite à Ignace le nom d'apôtre de l'univers. Mais Ignace ne crut point pour si peu de chose l'être réellement : à mesure qu'il éprouvait la force de ce glaive apostolique, il se prenait à regretter de n'avoir point à ses ordres mille compagnies qui pussent s'en servir.

Le voilà donc occupé de se multiplier lui-même par l'établissement de la Compagnie de Jésus, et nous voici venus à ce qui caractérise Ignace d'une façon toute particulière. C'est le jugement de l'Église : *Deus, qui ad majorem tui nominis gloriam propagandam novo per beatum Ignatium subsidio militantem Ecclesiam roborasti*(1) ; c'est le langage de Grégoire XV et d'Urbain VIII lorsqu'ils résument ses mérites dans ce seul mot : *Vir vere quem prœlegerat Dominus ut eorum dux foret qui portarent nomen ejus coram gentibus et populis* (2). Aussi, c'est dans la Compagnie de Jésus que se doivent particulièrement reconnaître les mérites et les prérogatives qui ont été le partage d'Ignace. Il fut donné à Moïse de délivrer et de gouverner le peuple de Dieu, et à Josué de l'introduire dans la terre promise ; aussi, comme Moïse avant de sortir de l'Égypte, comme Josué des rives du Jourdain, Ignace étend de Rome ses regards sur la carrière qui est ouverte à son zèle dévorant. C'est le monde entier ; mais où sont-ils donc dans le monde les intérêts de la gloire de Dieu? Partout où la foi est atteinte. Quelle dépravation de mœurs par suite de l'ignorance de la doctrine de Jésus-Christ ! Les sacrements sont abandonnés, et la parole divine est presque tarie en sa source. Henri VIII arrache l'Angleterre à l'Église ; Calvin commence à infecter la France du venin de ses erreurs, puis Luther entraîne les vieilles cités et les vastes provinces de l'Allemage, menace Rome et ébranle le Saint-Empire. Ailleurs, c'est l'Amérique qui apparaît, et les mers de cet Orient jusqu'alors impénétrables sont enfin ouvertes. Quelle immense moisson appelle les ouvriers évangéliques ! L'Église les réclame en gémissant ; Ignace les forme de sa forte main, et les donne à l'Église,

(1) O Dieu, qui, pour propager la plus grande gloire de votre nom, avez donné, par le bienheureux Ignace, un nouveau secours à l'Église militante.

(2) Un homme que le Seigneur avait vraiment choisi pour le mettre à la tête de ceux qui porteraient son nom devant les nations et les peuples. (Grégoire XV et Urbain VIII.)

obligés par leur institut et par un vœu spécial à être partout où elle l'ordonnerait, libre de disposer d'eux, à sa guise, comme serviteurs, soldats, victimes de la gloire universelle de Dieu. *Sol illuminans per omnia respexit, et gloria Domini plenum est opus ejus.*

Ignace avait donc atteint le terme de ses vœux : il avait pourvu sa Compagnie de tous les moyens propres à procurer la gloire de Dieu. Il lui remet l'éducation publique dans les universités et dans les colléges, partout où ceux qui servent et honorent les États faisaient jadis fleurir la piété et la foi.

Il la charge de propager l'amour du bien, le respect des sacrements et du culte sacré dans les églises; enfin, les congrégations de la sainte Vierge. C'est là que chaque condition trouve une école de sainteté; les ignorants doivent être instruits, et l'enfance doit faire l'apprentissage des vertus. Il ouvre à sa milice les prisons et les hôpitaux comme pour se reposer de plus lourds travaux. Il l'envoie sur les flottes qui lancent la foudre et parmi les bataillons qui marchent aux combats; c'est là qu'elle trouve des ministères dignes des plus fiers courages; c'est dans ce dur noviciat qu'elle se forme à l'apostolat des missions lointaines. Souvent elle y rencontrait dans la contagion et les naufrages, le fer et le feu, une mort d'autant plus belle qu'elle était moins vantée. En un mot, Ignace confia à ses enfants l'apostolat évangélique dans toute son étendue.

Dans les villes et parmi les campagnes, dans les maisons et sur les places publiques, chez les nations civilisées et les peuples sauvages : universalités de ministères, qui, partagés entre tant d'Ordres religieux, les occupent tous à la fois, mais qui, réunis tous ensemble par Ignace dans un seul institut, emploient sa Compagnie à l'universelle glorification de Dieu : *Sol illuminans per omnia respexit, et gloria Domini plenum est opus ejus.*

O conquérants dont le monde vante la grandeur! que vos cœurs sont étroits et votre activité peu de chose! Ignace, qui de Rome anime et dirige ses enfants au nombre de quarante, qui par eux combat et triomphe dans les quatre parties du monde, voilà de quoi éclipser tous les héros de la fable et de l'histoire.

Je m'aperçois, Messieurs, que ce tableau du cœur d'Ignace atteint déjà la hauteur de l'idée que vous vous en étiez formée jusqu'à présent, et toutefois je ne fais que commencer à soulever le voile de dessus ce cœur supérieur à toute conception. Ce qu'Ignace est parvenu à réaliser par tout l'univers pour la gloire de Dieu ne lui suffit pas. Grégoire XV disait bien que le cœur d'Ignace était plus grand que le monde même : *animam gerens mundo majorem* (1) (Bull. canoniz.). Et je ne puis me le représenter autrement que comme un océan où tous les fleuves apportent leur continuel tribut sans qu'il regorge jamais : *Omnia flumina intrant in mare, et mare non redundat* (2) (Eccl.). Venez, venez apprendre ce qu'il pense en ouvrant les lettres de ses compagnons dispersés. C'est Landini qui lui rend compte de sa mission dans la Corse : déplorable contrée, privée d'évêques depuis plus de soixante années; un clergé croupissant dans le vice comme dans l'ignorance; un peuple à peine chrétien de nom, que la polygamie même ne fait plus rougir, chez qui les poisons et les poignards sont d'un usage journalier. Mais en quelques mois l'île a changé de face; le clergé est chaste, les sacrements sont en honneur, les haines oubliées, la pénitence universelle; pensez-vous qu'Ignace se calme? Eh! quoi donc, tiendrait-il ce prodige pour peu de chose et prétendrait-il plus encore? Oui : *flumina intrant in mare, et mare non redundat.* Mais voici venir des lettres de Sicile, racontant l'origine et les principes du premier collège fondé à Messine. L'origine, c'est l'éclatante vertu d'un seul fils d'Ignace, dont le séjour avait à peine dépassé une année, que déjà les abus déracinés, l'irréligion bannie, les monastères réformés, les bonnes œuvres de tout genre établies solidement, le proclamaient l'Apôtre de la Sicile! Et quels en sont les principes? La réputation des nouveaux maîtres y attire de toute l'île et de la Calabre même la fleur de la jeunesse des deux royaumes. Ignace comprend bien qu'avec eux il tient en main la sanctification de nombreuses cités. N'est-il point au comble de ses désirs pour tant de gloire rendue à Dieu? Non : *flumina intrant in mare, et mare non redundat.* Eh bien! que seront ces dépêches de l'Allemagne? Lis, bienheureux Père, lis ce que produit dans ces régions ton esprit de zèle pour la gloire divine. Vois Cologne et ses provinces ravies au loup

---

(1) Il avait une âme plus grande que le monde (*Bulle de la canonisation*).

(2) Tous les fleuves entrent dans la mer, et la mer ne regorge pas (*Ecclésiaste,* 1, 7).

ravissant qu'elle avait pour pasteur, l'archevêque luthérien Kermann. Vois à Ratisbonne, à Spire, à Ingolstadt, la religion défaillante de ces contrées reprendre une nouvelle vie; qu'est-ce encore? Voici les actions de grâces du pieux roi Ferdinand, qui dans les États de la puissance autrichienne n'en avait guère trouvé que la trentième partie que l'hérésie n'eût point entraînée. Puis ce sont les félicitations des légats du Saint-Siége et de tant d'évêques réunis à Trente, qui proclament le mérite de tes enfants, et qui, nourris eux-mêmes de ton esprit, puisé dans tes *Exercices*, le répandront et lui feront porter ses fruits dans tout le monde catholique. Ton cœur, heureux Père, est-il désormais content? Non : *flumina intrant in mare, et mare non redundat.* De semblables nouvelles lui arrivent de l'Italie, de la France, de l'Irlande, de l'Espagne, du Portugal, de l'Éthiopie, de l'Amérique, et c'est moins la joie que le désir qui continue à lui faire répandre des larmes. Eh bien! venez enfin, précieuses lettres du grand Xavier, mettez à la dernière épreuve l'immensité de ce cœur. Combien d'îles, ô Ignace! que de royaumes et de langues adorent déjà!... Il n'importe, les conquêtes au contraire d'un si digne fils irritent le zèle d'Ignace, et sur la carte du monde où il a suivi jusqu'à présent les premiers efforts de sa Compagnie naissante, il montre, les yeux baignés de larmes, au petit nombre de ses enfants qui l'entourent, il leur montre les autres régions auxquelles est encore inconnu le Dieu pour qui son cœur est embrasé. Allez, leur répète-t-il, allez, mes amis, une grande tâche, oh! un vaste espace encore nous reste : *Ite, incendite omnia, inflammate omnia* (1). A ces larmes de ce père magnanime, ses généreux enfants répondent par des larmes aussi; leurs désirs comme de nouveaux fleuves encore viennent s'ajouter aux siens, mais sans lui suffire toutefois : *Sol illuminans per omnia respexit, et gloria Domini plenum est opus ejus : omnia flumina intrant in mare, et mare non redundat.*

Application donc d'Ignace à procurer à Dieu une gloire universelle, vous l'avez vu.

Application d'Ignace à procurer à Dieu une gloire perpétuelle, vous allez le voir.

Vous m'avez prévenu, et la preuve vous en paraît facile, quand

(1) Allez, embrasez tout, enflammez tout (*Saint Ignace*).

vous me signalez d'avance tant de pieuses œuvres fondées par Ignace : le refuge, les orphelins, les jeunes filles soustraites aux dangers, les catéchumènes, le Collége germanique...... Ce dernier trait à lui seul, quel magnifique trait ne pourrait-il point fournir à l'éloquence du panégyriste ! cette chaire vous l'a fait voir il y a peu d'années. Enfin, dites-vous, la Compagnie de Jésus à elle seule, cette œuvre par excellence d'Ignace, qui réunissait tous les moyens de glorifier Dieu, cette œuvre perpétuelle dans l'intention d'Ignace, et par sa nature même, comme tout ordre religieux, suffit à démontrer son zèle pour la gloire perpétuelle de Dieu. Oui, Messieurs, l'institution d'un ordre religieux eût suffi pour tout autre saint, mais non pas pour un saint dont l'ardeur pour la gloire de Dieu et pour sa plus grande gloire devait faire le propre caractère, pour un saint doué à cet effet par le Ciel de tous les dons de la nature et de la grâce, qui réclamait cette prérogative ; non, elle ne suffisait pas pour Ignace. Un ordre religieux, bien que perpétuel par sa nature, peut absolument ne le devenir point et mériter par la perte de son esprit d'être anéanti quelque jour. Le zèle donc de procurer à jamais la gloire de Dieu devait, pour être digne d'Ignace, former la Compagnie de telle sorte qu'il n'y eût jamais à craindre pour elle la perte de son esprit de zèle. Telle aussi la forma-t-il, et ici je vous dois tracer un aperçu de ce que la plus ingénieuse capacité de l'homme supérieur, et la prudence la plus éclairée d'un saint consommé, dictèrent à Ignace pour obtenir ce résultat. Mais dans l'ensemble des constitutions d'Ignace, dans ce plan dont l'ébauche, présentée à Paul III, lui fit s'écrier que l'esprit de Dieu en avait dicté la conception : *Digitus Dei est hic* (1), lequel de tant de chefs choisirons-nous entre tous ?

Choisissons le zèle.

Pour rendre constant dans la Compagnie l'esprit de zèle, Ignace en écarta tous les périls, et le soutint de tous les moyens de ferveur. Les dangers qui menacent le zèle apostolique sont l'ambition, l'intérêt, l'inaction.

Ignace prévit qu'avec le respect des peuples, l'estime des princes, l'amour tout spécial des pontifes, l'ambition, ennemi subtil, aurait suivi tous les pas de ses enfants. A ces attaques il

---

(1) Le doigt de Dieu est ici (*Exode*, 8-19).

opposa le vœu exprès de ne jamais prétendre, de ne rechercher pas même indirectement, ni dignité, ni prééminence aucune, soit dans la religion, soit au dehors ; et rendant ainsi le terme de pareilles démarches impossible, il intercepta d'un seul coup les voies à la tentation. Vœu plein de sagesse et qui servit si bien le désir conçu par Ignace de perpétuer dans la Compagnie son esprit de zèle pour la gloire de Dieu. Aussi la Compagnie conservait avec sécurité les grands hommes formés dans son sein. Ainsi la vue et l'enseignement des hommes blanchis dans l'apostolat produisaient incessamment de nouveaux apôtres, qui, eux aussi, vieillissaient, transmettant à leur tour à de nouveaux successeurs l'héritage d'Ignace, l'amour des fatigues et la confiance en la victoire.

Fatigues, du reste, et victoires dont Ignace ne voulut point que les siens pussent prétendre d'autre prix que la gloire de Dieu ; leur faisant un crime d'exiger, d'accepter même une récompense humaine pour leurs travaux. Ni les veilles qui consument l'homme d'étude dans le silence du cabinet, ni le dur asservissement de l'enseignement public, ni l'humble travail du service domestique, ni les pénibles soins du gouvernement ne donnaient droit à nul avantage temporel. Et d'ailleurs, un vil attrait ne pouvait pas plus attirer les regards d'hommes arbitres de la conscience des rois, que flatter l'espoir du missionnaire errant avec le nègre voué à l'esclavage, ou à la suite du féroce Canadien. Ce soin de maintenir une entière expropriation de cœur parmi ses enfants, Ignace le recommande au Général comme une des plus chères sollicitudes de sa charge ; et pour le désintéressement du Général lui-même, il autorise ses sujets à faire autour de lui une garde exacte. Réciprocité merveilleuse de précautions ! Dès lors le Général, sûr de ne trouver nulle connivence dans ses sujets, demeurait toujours libre dans sa vigueur. Et cette vigueur elle-même, bien qu'extrême à tout prendre, est mêlée d'une rare suavité dans la pratique par l'effet d'une autre vigueur qui la soutient, celle d'une vie entièrement commune. De là un résultat qu'on n'a point remarqué, mais certain : n'ayant nulle occasion de songer à ses besoins, le Jésuite, sans même être saint et pourvu seulement qu'il connût encore ses devoirs, ne pouvait connaître le sentiment de l'intérêt.

Que dirai-je de l'inaction, troisième écueil où pouvait échouer la perpétuité du zèle ? O vil, mais dangereux ennemi ! Par quelle merveille perdais-tu tout espoir sur le seuil des maisons d'Ignace? et non pas comme dans celles où, de même qu'à l'habitation de Daniel autrefois, c'était une arrivée et un départ non interrompus de rangées de nations ou de cités, apportant des vœux, et rapportant des secours pour les peuples confiés à leur garde; entrons dans celles où l'apostolat semblait muet durant les longues années qu'Ignace donne à l'éducation des enfants. Dans cette tâche, son zèle pour la gloire de Dieu le rend presque supérieur à lui-même. Rappelez-vous, Messieurs, Adam sortant des mains du Seigneur, et introduit dans le paradis terrestre. Je me représente les jeunes fils d'Ignace comme ce premier homme qui sort du néant, et ces maisons où Ignace les forme comme le paradis où la main du Seigneur le place. Dieu créant l'homme fut sans doute le modèle que s'y proposa Ignace, se pénétrant du dessein qu'avait le Créateur de jeter alors pour tous les siècles à venir une semence pour sa gloire. Dieu dépose en Adam la vie avec son souffle, Ignace inspire à ses enfants l'esprit qui l'anime lui-même, véritable esprit d'un apôtre, esprit d'amour que l'extatique Madeleine de Pazzi croyait le plus précieux qui pût se trouver sur la terre ; esprit produit par la connaissance d'un Dieu apprécié comme seul digne des affections et des hommages de l'univers ; esprit qui puisait dans la douceur sa force, dans la liberté son obéissance, dans la discrétion son élan : ainsi Dieu, par les délices du paradis, prétendait instruire le premier homme et l'embraser de son amour : *Posuit eum in paradiso voluptatis* (1) (Gen. II). Aussi n'en fallait-il pas davantage pour que le zèle de la gloire divine se manifestât déjà dans les jeunes fils d'Ignace. Car il ne se peut faire que l'on aime Dieu pour lui-même, sans désirer aussitôt de procurer sa gloire : esprit d'amour qui devient bientôt esprit de zèle : *Posuit eum in Paradiso voluptatis; et gloria Domini plenum est opus ejus* (2). Souvenirs bien chers et bien doux ! que n'ai-je pas entendu, que n'ai-je pas vu moi-même! Des apôtres balbutiants, des désirs supérieurs à l'âge, des fatigues au-dessus

(1) Il le mit dans le paradis de délices (*Genèse*, 2-15).

(2) Il le mit dans le paradis de délices ; et la gloire de Dieu éclate dans ses œuvres.

des forces, des fruits au delà des espérances. C'est que le lait même des premières années, Ignace voulait qu'il ne fût pas sans fruit dans ces jeunes cœurs, pour la gloire de Dieu ; de même que parmi les délices du paradis, Dieu voulait qu'Adam songeât à le glorifier : *Posuit eum in paradiso voluptatis ut operaretur ; et gloria Domini plenum est opus ejus.*

Lorsque Ignace donnait à cette éducation un nouvel objet, il ne voulait point que l'esprit subît aucun changement. D'abord il ne leur avait permis que l'usage du fruit de l'arbre de vie, je veux dire, la seule science des saints, dans le noviciat ; puis il leur présente les fruits de toutes les sciences profanes et sacrées, comme ces arbres qui embellissaient pour Adam le jardin de délices. Mais il prétendait leur y faire trouver bien plus encore un appât pour gagner les enfants du siècle, qu'un aliment destiné à leur propre avantage. Pour eux, c'était à l'arbre de vie qu'ils avaient à recourir sans cesse dans la communication quotidienne avec Dieu, dans cette revue du cœur répétée deux fois le jour, dans cette double rénovation de chaque année pour ranimer leurs vœux et resserrer leurs engagements envers la gloire divine : *Produxitque Deus de humo omne lignum ; lignum etiam vitæ in medio paradisi* (1). Aussi voyait-on les disciples d'Ignace passer avidement des hautes abstractions de l'analyse à l'humble office de catéchiste des pauvres ; des vastes spéculations de la philosophie aux ténèbres fétides des cachots ; et pour voler à des hôpitaux infects, s'arracher aux charmes de la poésie. Le feu intérieur de l'amour s'échappait en flammes de zèle pour la gloire de Dieu, esprit déjà mûr, fort, infatigable : *Posuit eum in paradiso voluptatis ut operaretur ; et gloria Domini plenum est opus ejus.* Voilà, Messieurs, par quel prodige l'oisiveté perdait tout espoir sur le seuil des maisons d'Ignace.

Que si pourtant quelqu'un de ses enfants prêtait l'oreille aux perfides suggestions de l'esprit du monde, si son cœur se laissait éprendre au profane attrait du fruit défendu, oh ! prévaricateur ! son expulsion du paradis de délices était assurée. Incorrigible, ni talents, ni intercession, ni mérites ne le pouvaient retenir ; sage sévérité qui mérite si bien de l'Ordre institué

(1) Le Seigneur avait produit de la terre toutes sortes d'arbres ; aussi au milieu de ce paradis, l'arbre de vie (*Genèse,* ii, 9).

par Ignace en y maintenant constamment, comme il l'avait prétendu, un esprit toujours dévoué à la gloire divine.

Se pouvait-il que le zèle d'Ignace pour la gloire de Dieu arrivât à de plus grands résultats ? La vie et les œuvres d'Ignace pouvaient-elles être plus pleines de la gloire de Dieu ? Application donc d'Ignace à procurer au souverain Maître une gloire entière, une gloire universelle, une gloire constante ; premier point, dont vous avez vu les preuves. Hâtons-nous d'aborder le second.

II

Soin que prend le Seigneur de rendre, lui aussi, à Ignace une gloire entière, universelle, constante. Accordez-moi quelque attention encore, vous y trouverez, je pense, le dédommagement de celle que vous m'avez prêtée déjà.

Qu'il m'est doux, ô Ignace, de revenir sur les traces de vos œuvres, où tout change d'aspect pour moi ! Ignace appliqué de tout son pouvoir à procurer au Seigneur une gloire entière : combien de sacrifices, de travaux et de souffrances ! Rudes sentiers, et hérissés de cruelles épines. Mais ce n'est plus cela, tout s'y couvre de fleurs ; l'amour libéral de Dieu a fait ce changement ; il comble de gloire Ignace et toutes ses œuvres : *Gloria Domini plenum est opus ejus.*

O grotte absente d'Ignace, Manrèze même ne te reconnaîtrait pas, et voilà que Manrèze te doit sa renommée ! Pourquoi ces marbres éclatants, pourquoi ces métaux précieux, ces flambeaux, ces témoignages de tant de supplications et de vœux ? C'est que Dieu y glorifie la pénitence d'Ignace. Raconte-nous donc maintenant, ô sainte caverne, ce que tu as vu d'Ignace ! Et vous, lieux solitaires, redites au pèlerin qui vous apporte ses hommages par quels dons le Ciel luttait avec l'abnégation d'Ignace, à mesure qu'il fuyait les faveurs célestes, pour ne songer qu'à glorifier Dieu. C'étaient les plus hautes communications des secrets divins, récompense de son détachement pour les délices de la contemplation. Que de fois les saints, les anges avec leur Reine et Jésus lui-même vinrent le visiter en ces lieux et traiter avec lui dans la familiarité d'un bienheureux entretien ! Tels furent les doux épanchements du divin amour dans son cœur, qu'il fallut un miracle pour qu'il n'en fût pas consumé. Telles aussi les clartés célestes de la lumière, qui, alors, l'inondèrent avec une abondance à peine connue des plus grands saints, que lui-même ne pouvait en rendre compte : retours de Dieu pour les indicibles ennuis de ces études entreprises à sa gloire; retours précisément provoqués par le désir qu'éprouvait notre saint d'employer à faire connaître Dieu tout ce qu'il recevait de grâces. De là vient que, si divinement formé, il parla, il écrivit d'une façon si divine. Eh! quelle merveille aussi qu'il eût tant de facilité à amollir les cœurs de pierre, à soumettre les âmes hautaines, à captiver les génies farouches; que sa profondeur et sa sagacité à instruire ou à diriger les consciences fissent apprendre, en un seul de ses entretiens, ce que ne pouvaient faire des volumes de sciences contentieuses. Dès qu'il eut appris de Dieu l'art de la méditation, il en fit une étude, mais autant pour les autres que pour lui-même. Et à l'instant Dieu lui rend gloire pour gloire. Tandis qu'Ignace rédige le livre des *Exercices,* souvent en présence de Jésus, ou sous la dictée de la Mère de Dieu, il écrit, sans le savoir, autant pour sa gloire que pour l'édification de l'univers. Le monde le put bien reconnaître, quand il vit ce livre approuvé comme admirable par l'Église, vanté par des hommes du plus grand poids, comme devant être mis au premier rang, après les saintes Écritures; avoué par de grands saints pour le principe et le guide de leur sainteté; étudié enfin par les maîtres de la perfection, comme la théorie de la vie intérieure, soit pour donner l'essor à son cœur, soit pour discerner les divers principes des mouvements qui s'y produisent.

Mais prétends-je suivre tous les pas d'Ignace? Vous le savez, Messieurs, ce que vous connaissez d'Ignace est, dans ce panégyrique, la partie dont vous devez prendre le développement pour vous; chargez donc de cette revue votre mémoire, et voyez ce qu'elle vous retrace. Oh! spectacle enchanteur que cette lumière attachée au pas du juste! Ce sont les larmes et les applaudissements des peuples, des marches solennelles du clergé et des magistrats venus à sa rencontre, les éloges d'académies illustres, les marques du respect des princes de l'Église, la vénération des monarques, les tendres embrassements des pontifes. Quel éclat, bien que redoutable, dans ces témoignages que Dieu rend à

Ignace aux dépens de ses ennemis, quand il les frappe d'une torpeur subite, les fait engloutir par les eaux ou dévorer par les flammes! Beau spectacle qu'aperçurent les yeux auxquels il fut donné de voir Ignace suspendu dans les airs durant l'oraison, couronné d'un globe de feu tandis qu'il offrait le saint sacrifice, le visage rayonnant d'une splendeur toute céleste, ou présent en plusieurs lieux à la fois! Ailleurs, quel grand objet! vous avez entendu les cris des démons qui, cédant à l'empire des ministres sacrés, maudissaient dans Ignace leur plus redoutable ennemi. Et là, quelle scène désolante! Ignace meurt : vous voyez Rome éplorée... Non, ce ne sont point des pleurs lamentables; c'est un concert funèbre, il est vrai, mais glorieux. Ce ne sont point les larmes de Rome seulement, mais avec elle l'Europe, l'Asie... Ne détournez point vos regards, voyez la terre tout entière s'unissant pour porter Ignace sur les autels. Combien de contrées, que de souverains et de princes sollicitent du Vatican la décision de cette commune cause! La voix de Pierre se fait entendre enfin et proclame la sainteté d'Ignace. C'est la voix du Ciel même qui se manifeste par mille prodiges, voix des maladies qui se dissipent, des fléaux qui cèdent tout à coup, des flammes qui perdent leur activité, des orages qui s'épuisent, des eaux qui s'affermissent sous ses pas, de l'enfer confondu, de la mort rendant sa proie! O Ignace dévoué à glorifier Dieu! O Dieu occupé de la gloire d'Ignace! *Gloria Domini plenum est opus ejus.* Il suffit, Messieurs, c'est assez d'éclatants souvenirs; laissez-moi vous dire à mon tour comment Dieu procure à son serviteur une gloire *universelle.* Vos pensées ont été ma règle, Messieurs, quand vous me signaliez, dans la Compagnie de Jésus, ce qu'Ignace fit de plus grand pour étendre à tous les lieux la gloire divine. Ne parlons donc que de cette grande œuvre. Par elle, Ignace avait répandu dans tout le monde tous les moyens de glorifier Dieu, et par elle aussi Dieu répandit dans tout le monde tous les genres de gloire. Saint Paul en marque trois sortes : *Signa apostolatus mei in patientia multa, in virtutibus, in prodigiis* (1) (2 Cor. 2) : gloire des souffrances, gloire des mérites, gloire des prodiges.

____

(1) Les marques de mon apostolat se trouvent dans la souffrance, dans les mérites, dans les prodiges (*II Corinth.*, 2).

Gloire des souffrances : Ignace l'avait désirée, ses prières l'obtinrent, et sa voix prophétique annonça que sa Compagnie aurait un abondant partage de souffrances. Et à vrai dire, jamais et en aucun lieu pareille gloire ne pouvait lui manquer : le monde et l'enfer pouvaient-ils longtemps s'étourdir sur des pertes éprouvées en tout lieu? Aussi n'y a-t-il genre de calomnie, d'insulte et de mauvais traitement que la Compagnie n'eut à endurer. Nul genre d'ennemis, à l'exception seulement des hommes véritablement saints, ne lui a manqué; point de passion qui n'entreprit de se venger d'Ignace sur elle; point de ressources que l'enfer n'ait mises en œuvre pour traverser, dans sa marche, les desseins d'Ignace. En ce genre de gloire, nul corps religieux, dans l'Église, n'égala l'ordre institué par Ignace. La seule Église de Jésus-Christ l'égala dans cet honneur. Là seulement se peut trouver le modèle des souffrances endurées par la milice d'Ignace, parce que, en tous lieux et constamment, ce qui causa les souffrances de l'Église, ce qui en fit l'occasion et en fit le caractère, eut la même action sur les enfants d'Ignace. Aussi a-t-il suffi de deux siècles pour qu'Ignace la vit frappée de plus d'exils que l'Europe ne compte d'États, pour qu'il vît les prisons de tous les peuples honorées par sa captivité, les gibets de tous les ennemis de Jésus-Christ ennoblis par son sang; je dis trop peu : pour qu'Ignace ne pût voir du ciel une mer ou une plage qui ne fût teinte de ce sang qui est le sien, qui n'eût vu le sacrifice de l'un de ces seize cents martyrs et plus, qui payèrent de leur vie le zèle transmis par ses leçons : *signa apostolatus mei in patientia multa.*

En second lieu, le Ciel voulut donner à Ignace la gloire universelle des mérites de sa Compagnie, mérites de science, de sainteté, de travaux : *signa apostolatus mei in virtutibus.* La science, elle y fut ce qu'elle devait être dans une société choisie, suivant la direction tracée par Ignace, parmi ce que le monde avait de plus brillant pour le génie, formée par un plan d'études auquel tous les siècles avaient apporté le tribut de leur expérience et à l'école d'une succession non interrompue de maîtres constamment réputés les plus habiles de leur temps. Quelle merveille donc si, parmi ces vingt mille écrivains et davantage, il n'est point d'art ou de science qui n'y ait ses grands maîtres, et si nulle société littéraire ne peut s'enorgueillir d'un nombre égal de lumières pour la société, d'ornements pour la civilisation, de défenseurs de la foi? O Salméron, ô Laynez! noms illustres du temps d'Ignace, vous dépassiez à peine les premières années de l'âge mûr, que déjà l'Église, réunie en concile, vous déférait les premiers honneurs du savoir théologique! Dans la suite, parmi les enfants d'Ignace, tout en conservant votre autorité, vous n'excitâtes plus d'étonnement. N'était-ce pas une gloire semblable à l'abondance promise au peuple de Dieu? *Comeditis vetustissima veterum, et vetera nobis supervenientibus projicietis* (1) (Lev. 26). Autre sorte de mérites, ceux de la sainteté : j'en apporterai quatre preuves lumineuses et universelles. — Première preuve. La sainteté, dans l'esprit laissé par Ignace à la Compagnie, occupe le premier rang pour la tendance, l'estime et l'application; mais les autres buts, subordonnés à celui-ci, furent atteints. Concluez. — Seconde preuve. L'institut d'Ignace, qui ne respire que perfection, ne se pouvait maintenir sans que l'amour de la perfection marchât en tête de toutes les actions dans la Compagnie d'Ignace; or, partout et toujours, l'institut d'Ignace s'est conservé dans sa rigueur première. Concluez. — Troisième preuve. Il ne se pouvait faire que l'Ordre institué par Ignace, sans cesse attaqué, toujours guetté de près, conservât constamment la réputation de sainteté sans en être digne; or, l'estime en ce genre ne lui a jamais fait défaut. Concluez. — Quatrième preuve. Près de deux mille fils d'Ignace, de toute tribu, de toute nation, de toute langue, dont l'histoire atteste les vertus extraordinaires. Concluez. — Qu'il suffise d'avoir donné l'éveil à ces glorieux souvenirs. Deux mots en terminant sur le mérite des travaux. Mais quoi! deux mots sur des mérites qui n'eurent pour bornes que celles du monde! Deux mots sur les fatigues de tant de milliers d'apôtres, dont un seul, Claver, baptisa à Carthagène, dans son ministère isolé, trois cent mille nègres! Un seul homme... Oui, deux mots seulement, et je m'assure qu'ils en diront plus qu'autant de volumes. Ce que vous savez des travaux du grand Xavier se présente à vous comme une hauteur que rien ne vous semble pouvoir atteindre; vous remarquerez que les tra-

(1) Vous mangerez les fruits de la terre que vous aviez en réserve depuis longtemps, et vous rejeterez les vieux, dans la grande abondance (où vous serez) des nouveaux (*Lévitique*, xxvi, 10).

vaux de Xavier changent d'aspect, si vous les considérez, dans l'histoire d'Ignace, unis à ceux de ses frères. Le grand Xavier nous apparaît comme un astre de première grandeur, il est vrai, mais non plus comme l'astre du jour au milieu du ciel. — Second fait. Prenant d'une main le compas du géographe, tandis que de l'autre vous tiendrez l'histoire de l'ordre institué par Ignace, mesurez sur le globe l'espace qu'occupait la foi catholique sous Paul III, époque où naquit l'ordre d'Ignace; suivez le progrès de cette foi, d'âge en âge, jusqu'à Clément XIV, par qui ce même ordre fut dissous, et vous la verrez, par la force de l'esprit d'Ignace, roulant ses bornes au delà d'une étendue plus vaste à elle seule que la première. Gloire donc universelle en mérites par la science, la sainteté, les travaux : *signa apostolatus mei in virtutibus.*

Et la troisième sorte de gloire, celle des prodiges, qu'en dirons-nous? *Signa apostolatus mei in prodigiis.* On en comptait plus de cent, parmi les enfants d'Ignace, qui avaient reçu de Dieu le privilége éclatant de ces grâces nommées *gratis datæ* (1); et parmi eux, il en est un bon nombre qui ne le cèdent point aux Xavier. N'en prenons qu'un exemple, inconnu au monde, Jean d'Alméida, apôtre de Cariges. Une armée de barbares envahit sa chrétienté nouvelle; Jean, la croix à la main, se jette au milieu d'eux et leur fait prendre la fuite; parcourant sur leurs pas le pays ravagé par leur irruption, il rencontre çà et là des enfants égorgés par les envahisseurs. L'un après l'autre, il les prend dans ses bras, les rend à la vie; et lorsque, baptisés, il les dépose à terre, ils se rendorment du sommeil de la mort, un instant interrompu. Mais il en est un autre, unique dans l'histoire par son étendue, et que vit l'Église dans l'ordre fondé par Ignace. Saint Augustin, il nous le dit lui-même, l'eût estimé le plus grand des prodiges, et le ciel l'avait mis en réserve pour la gloire d'Ignace : c'est la foi de Jésus-Christ propagée sans miracles parmi les nations. La Chine, la Cochinchine, Tonkin, Siam, et avec le Canada une grande partie de l'Amérique, virent ainsi la foi s'introduire parmi les peuples et s'y étendre à la voix des fils d'Ignace. *Signa apostolatus mei in multa patientia, in virtutibus, in prodigiis.* Dieu, magnifique envers Ignace, lui rend en

(1) Gratuites.

toute manière une gloire universelle dans cette œuvre où il avait disposé tous les moyens de rendre gloire à Dieu. *Gloria Domini plenum est opus ejus.*

Nous voici maintenant parvenus au comble de cette gloire que Dieu voulait rendre au zélateur de sa gloire : perpétuité de la gloire d'Ignace dans ses œuvres. Je dis perpétuité et je le prouve. Pour ce qui regarde les temps antérieurs à la suppression de la Compagnie, la chose est démontrée. Mais, à cet endroit, je lis dans vos regards que vous la croyez interrompue sans retour. Ah ! ah ! je ne vous ai donc point assez fait connaître l'âme, le cœur de cette Compagnie, de cette noble fille d'Ignace. Eh ! Messieurs, gardez-vous de confondre les sentiments particuliers de ses membres avec les siens. Pour eux, dispersés et humiliés qu'ils sont, ils peuvent sans lâcheté se plaindre de leur sort. Mais elle, sensible uniquement aux grands intérêts, au bien universel, elle ne vit que de la gloire à périr pour l'intérêt commun. Tandis que ses enfants, dans leurs maisons pleines du bruit des armes, entendaient, consternés, le dernier arrêt, quelle touchante et glorieuse scène se passait, invisible au monde, aux pieds du trône de Clément XIV ! Il me semble que l'auguste pontife lui demande ce qu'on exige de lui pour la paix universelle, le sacrifice de sa vie... Aussi belle peut-être, mais non aussi généreuse, parut au redoutable autel la vierge, fille de Jephté. La vierge, fille d'Ignace, quand elle sut à quel prix était sa mort, ne voulut plus de la vie. Son noble front s'enflamme, ses regards s'allument d'un éclat nouveau qu'Ignace alors communique du haut du ciel, éclat de l'obéissance et du zèle. Aux pieds de Clément, elle courbe le genou avec respect, non moins calme que quand à ce même trône elle était venue cent fois recevoir, pour la conquête des royaumes, le laurier du triomphe. C'est pour toi, dit-elle, père des chrétiens, que j'avais reçu la vie ; pour toi je la quitte avec joie. A ces mots, elle détache ce casque éclatant que tant de martyrs et de saints avaient couronné de rayons immortels, et avec ce bouclier impénétrable qui avait épargné à Rome et à la foi tant de coups, elle le dépose dans le sein de Clément. Ces armes, lui dit-elle, tu les confieras à quelque autre plus heureux peut-être, mais non pas plus fidèle. Puis, retirant de son doigt l'anneau, gage de son union avec Jésus : Pour cet anneau, dit-elle, qu'il n'appartienne point à d'autres ; qu'il demeure entre tes mains comme un souvenir de cette journée et de ce qu'elle aura apporté de bonheur. Enfin, elle se désarme de son glaive : Ç'a été, dit-elle, ç'a été, pontife souverain, l'instrument d'une paix garantie jusqu'aujourd'hui à ton trône au prix de victoires seulement; mais puisqu'à cette heure c'est ma vie qui la doit acheter, achète-la en m'immolant avec ce même glaive. Je recommande à tes soins ceux que je nourrissais de mon lait; hélas! désormais orphelins, ces pauvres habitants des campagnes sont les plus abandonnés de ton peuple; songe à la jeunesse qui croît pour les sciences, intéressant et frêle espoir de ton règne; à ces Églises du Paraguay, portion la plus innocente et la plus aimable de ton troupeau. Elle dit, et s'inclina pour recevoir le coup. La main sans doute, la main paternelle de Clément trembla; mais son cœur de souverain ne le céda point à celui de Jephté levant le fer sur sa fille. *Et fecit sicut voverat* (1) (Jud. XI). O mort plus glorieuse que mille vies! Jusqu'à présent donc Dieu ne s'est point manqué dans son dessein de rendre à Ignace gloire pour gloire. J'ajoute qu'il en a poursuivi encore l'exécution au delà.

De même qu'après la mort de Joseph et d'Élisée, leurs ossements prophétisèrent (Eccl. 48, 49) malgré la tombe, ces ossements aussi de la fille d'Ignace, tout dispersés et dépouillés qu'ils étaient, conservèrent une voix. De ceux qui avaient été ses enfants, Dieu se servit pour glorifier celui qu'ils avaient eu pour Père : *Ossa ipsius post mortem prophetaverunt* (1). O vous tous, ossements qui avez conservé quelque chaleur de l'esprit d'Ignace! vous êtes encore d'éclatantes sources de gloire; oui, ce fut sa gloire que cette douleur avec laquelle vous échangeâtes contre la liberté de la vie séculière l'assujettissement religieux; douleur qui fut un grand sujet d'édification pour l'Église. Ce fut sa gloire que cette amertume que vous éprouvâtes à vous soumettre en plusieurs lieux à un repos forcé; ils furent sa gloire, et ils le sont encore, en tant d'autres royaumes, vos efforts et vos travaux apostoliques : *ossa ipsius post mortem prophetaverunt;* efforts et travaux que Dieu n'a pas dépouillés encore de leurs anciens honneurs. Ce feu qui vous restait de la chaleur d'Ignace, que de cités chrétiennes il embrase encore à la piété et

---

(1) Et il accomplit ce qu'il avait voué (*Juges,* XI, 39).
(2) Ses os ont prophétisé après sa mort (*Eccli.,* XLIX, 16).

à la ferveur! Restes à demi éteints, c'est de là que s'élancent par tant d'écrits des flammes dévorantes pour l'hérésie et pour l'impiété; là que trouvent encore leur aliment tant de palmes au Tonquin barbare. Et que dire de la Chine où, grâce à vous (ce que deux siècles n'avaient pu faire), la foi aujourd'hui s'annonce libre et se répand sans obstacle? Que vous dirai-je de la Tartarie qui vous appelle pour puiser la vie dans votre tombeau; de la Russie qui, pour vous aujourd'hui, chose inouïe, respecte Rome et l'honore, et où ce coup inattendu fait déjà trembler le schisme? Vous avez, ô mon Dieu, différé jusqu'à ce jour une telle consolation de votre Église pour en faire un trophée à Ignace. *Ossa ipsius post mortem prophetaverunt.*

Mais ces ossements mêmes, ô grand Dieu, que vous avez fait servir à votre gloire, quel sera leur sort? Ils n'iront pas se perdre dans la cendre; Ignace, dans son désir de vous rendre une gloire constante, aura plus fait pour vous que vous n'aurez fait pour lui! Mais qu'entends-je, quel commandement reçois-je de vous au fond de mon âme? Que j'annonce l'avenir à ces ossements? *Vaticinare de ossibus istis* (Ezech. 22). Et que dirai-je si vous-même ne parlez? Dirai-je que les vœux de tant de peuples promettent à ces restes d'Ignace une nouvelle vie? Dirai-je que les sollicitations de tant d'évêques ne cessent d'en presser le moment; que, dans leurs regrets pleins de confiance, plusieurs États, plusieurs souverains se flattent de l'obtenir? Non, Seigneur, que sais-je si c'est là votre voix? Écoutez donc, tièdes ossements d'Ignace, écoutez la voix de Dieu! A qui, dit le Seigneur, appartient-il de glorifier mon serviteur, sinon à moi? Si donc c'est de moi et non des hommes que doit venir sa gloire, demandez mes desseins sur l'avenir, non à la faveur des hommes, mais à mes propres dons. Demandez-le à votre réputation conservée sans atteinte au grand étonnement de l'univers; demandez-le à l'esprit de charité par lequel je vous maintiens encore unis dans votre dispersion; demandez-le à ce désir de ma gloire, dont j'entretiens encore le feu dans vos âmes; demandez-le à l'amour de mon Église, que j'allume plus que jamais dans vos cœurs. Aurais-je sans une fin digne de moi, dit le Seigneur, répandu sur vous la profusion de dons semblables, opéré ces nombreux prodiges de générosité et de constance dans l'âme de tant de vieillards épuisés et d'une jeunesse si tendre, dont les souffrances ont sanctifié tant de mers et tant de plages? Ah! ici il n'est point permis d'en douter, c'est Dieu qui se fait entendre'. Silence donc, tièdes ossements, silence et espoir. *In silentio et in spe erit fortitudo nostra* (1) (Is. 30).

Dieu s'est engagé à une gloire non seulement entière et universelle, mais constante aussi ; et même, comme il convient au Dieu de magnificence, il prétend vaincre Ignace dans le plaisir qu'éprouvait ce grand homme d'assurer le triomphe du Seigneur en tout temps, aussi bien qu'en toute chose et en tout lieu. Ignace a rempli, autant que le pouvait un mortel, cette noble tâche; mais la gloire de ce zélateur de la gloire divine ne se peut compléter qu'avec les siècles, dont le soleil mesure le nombre. Ce terme atteint, ce ne seront plus des louanges humaines, mais ce sera la voix des séraphins chantant au ciel : Voilà le zélateur de la gloire divine glorifié lui-même : *Gloria Domini plenum est opus ejus.*

Ainsi, le Dieu dont la libéralité est sans bornes vous doit, ô Ignace, une gloire qui survive à votre âge. Demandez-lui avec assurance qu'il vous glorifie en vous tous.

Pour moi, demandez-lui que je ne sois point indigne de vous durant ce reste quelconque d'une vie arrachée par vous, cette année même, des bras de la mort. Et pour tous ceux qui, chers à votre cœur, vous glorifient encore par toute la terre comme de dignes fils, demandez qu'ils vivent en Dieu, qu'ils s'épuisent pour le prochain, qu'ils meurent pour l'Église.

Et pour cette cité, demandez que Dieu soit envers elle aussi miséricordieux, aussi libéral, qu'elle l'a été, vous le savez, ô Ignace, il vous en souvient, qu'elle même l'a été pour vos fils errants. Oh! grand Ignace, ou revenez vous-même de nouveau à la vie, ou bien obtenez que votre zèle y soit dignement suppléé.

(Traduction inédite.)

(1) Notre force sera dans le silence et dans l'espérance.

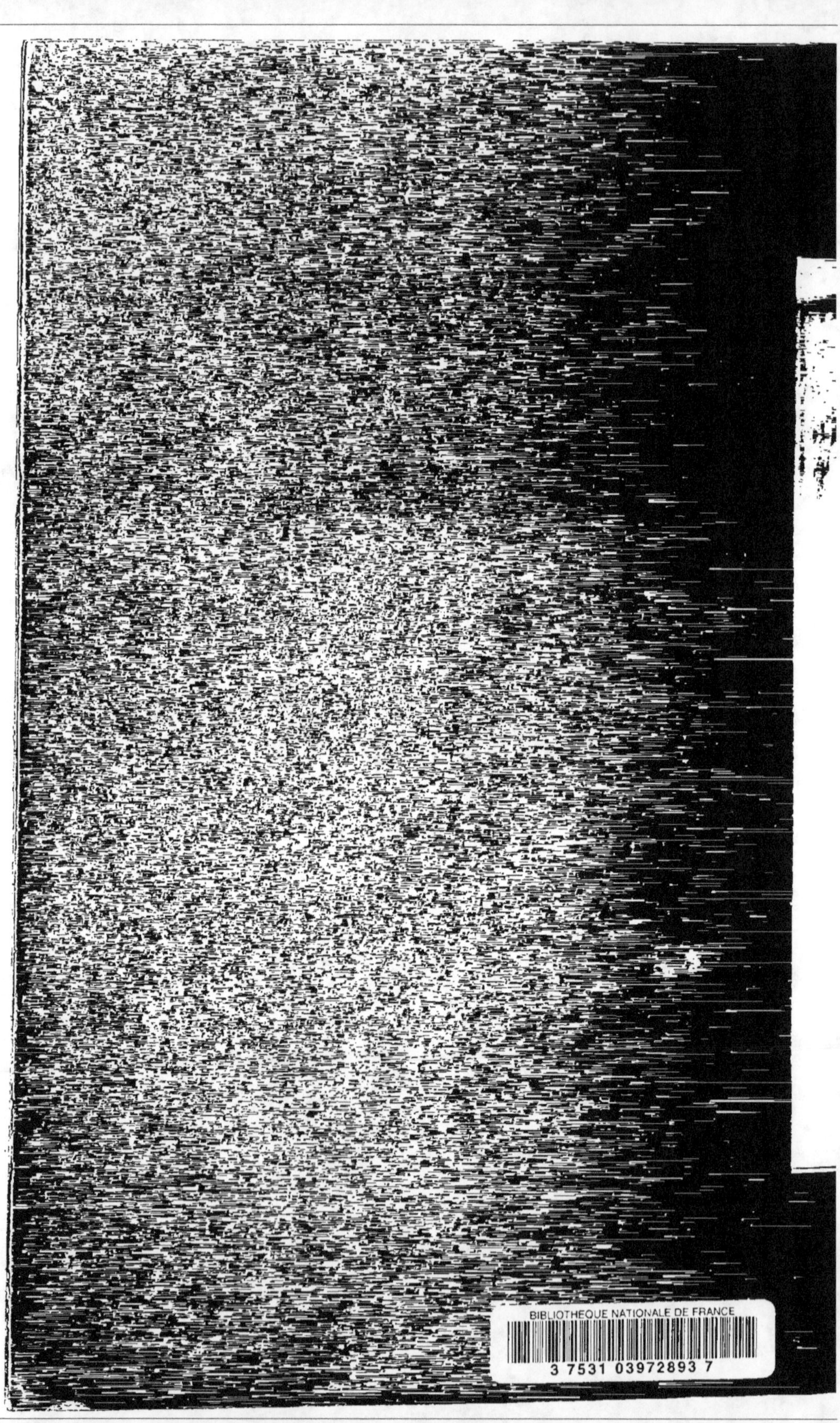